MIS AMIGOS ESTÁN PELEANDO

MANTENER LA PAZ

Tú eliges el final

por Connie Colwell Miller • ilustrado por Sofia Cardoso

¿Alguna vez deseaste poder cambiar una historia o elegir un final diferente?

¡EN ESTOS LIBROS, PUEDES HACERLO!

Sigue leyendo y cuando veas esto:

¿QUÉ PASA DESPUÉS?

Ve a la página de esa opción y descubre qué pasa.

En esta historia, los dos mejores amigos de Jasmin están peleando. ¿Los ayudará a mantener la paz, o se involucrará en la pelea? ¡TÚ decides!

Jasmin tiene dos mejores amigos: Manny y Elijah. Normalmente, crean videos divertidos de baile juntos. Pero hoy, Manny y Elijah pelean por ver quién va a hacer la siguiente rutina de baile.

¿QUÉ PASA DESPUÉS?

→ Si Jasmin se une a la pelea, da vuelta a la página.
Si Jasmin trata de que hagan las paces, ve a la página 12. ←

Manny grita: "¡Tú hiciste la rutina la última vez!". "¿Y qué? ¡Yo bailo mejor!", responde Elijah gritando. Jasmin interviene: "Déjenme arreglar esto".

¿QUÉ PASA DESPUÉS?

Si Jasmin defiende a uno de sus amigos, ve a la página 6.

Si Jasmin detiene la discusión, ve a la página 16.

340

340

Jasmin reflexiona. Ella dice: "Elijah baila mejor, así que él debería hacer la rutina".

"¡Ja!", grita Elijah en la cara de Manny. "¡Te lo dije!" Manny está enojado y avergonzado.

¿QUÉ PASA DESPUÉS?

Si Jasmin sigue defendiendo a Elijah, da vuelta a la página.

Si Jasmin se arrepiente, ve a la página 20.

Manny balbucea: “Como sea. Soy mejor que ustedes dos para recordar rutinas”.

Jasmin interviene de nuevo. Ella dice: “De hecho, Elijah es bueno para eso, también”.

DA VUELTA A LA PÁGINA →

Manny dice: "Muchas gracias, Jasmin. ¡Creí que éramos amigos!"

Jasmin y Elijah ven como Manny se aleja. Jasmin se da cuenta de que no debió tomar partido. Espera que con una disculpa Manny la perdone, y desearía haber actuado diferente.

FIN

Ve a la página 23.

Jasmin oye a sus amigos discutir. Y entonces habla. "Esta pelea es tonta", dice ella. "Todos formamos parte de este grupo. Ustedes pelean cuando podríamos estar divirtiéndonos".

Jasmin prosigue: "Necesitamos de los tres para hacer nuestros videos. Y TODOS tenemos talento. Dejemos de discutir".

DA VUELTA A LA PÁGINA →

Manny responde primero. Dice: “Está bien”. “Yo paro si Elijah para”. Elijah asiente.

"Bien. Entonces, grabemos nuestro siguiente video de baile", dice ella. Jasmin está orgullosa de haberlos ayudado a reconciliarse.

FIN

Ve a la página 23.

Jasmin casi elige defender a uno de sus amigos. Pero se detiene a pensar cómo esto hará sentir a cada uno.

Jasmin finalmente dice: "Manny, eres mejor en algunas cosas y Elijah es mejor en otras. ¿Estamos de acuerdo?".

DA VUELTA A LA PÁGINA →

Los chicos se miran uno al otro. Jasmin puede ver que siguen enojados. Pero ambos asienten.

Después de un rato para calmarse, los amigos empiezan a crear una nueva rutina de baile. Jasmin se alegra de no haber tomado partido y no haber empeorado la pelea de sus amigos.

FIN

Ve a la página 23.

Jasmin ve que ha lastimado a Manny. Se da cuenta de que no debió haber tomado partido.

Ella dice: "Perdóname, Manny, eres un gran bailarín y te necesitamos en nuestro equipo".

Pero Manny no dice nada.

DA VUELTA A LA PÁGINA →

Finalmente, Manny habla. Él dice: “Ya no tengo ganas de bailar hoy”.

Jasmin desearía no haber tomado partido. Todos podrían haberse divertido haciendo videos de baile.

FIN

PIENSA OTRA VEZ

- ¿Qué pasó al final del camino que elegiste?
- ¿Te gustó ese final?
- Regresa a la página 3. Lee el cuento de nuevo y elige diferentes opciones. ¿Cómo cambió la historia?

Todos podemos elegir cómo actuar cuando las personas que queremos se pelean. Si tus amigos se estuvieran peleando, ¿TÚ tomarías partido, o les ayudarías a resolverlo?

A nuestros amigos en la Casa Amarilla con amor—C.C.M.

AMICUS ILLUSTRATED es una publicación de Amicus
P.O. Box 227, Mankato, MN 56002
www.amicuspublishing.us

Library of Congress Cataloging-in-Publication Data
Names: Miller, Connie Colwell, 1976- author. | Cardoso, Sofia (Illustrator), illustrator.
Title: Mis amigos están peleando : mantener la paz / por Connie Colwell Miller ; ilustrado por Sofia Cardoso.
Other titles: My friends are fighting. Spanish
Description: Mankato, Minnesota : Amicus, [2023] | Series: Tomando buenas decisiones | Audience: Ages 6-9 | Audience: Grades 2-3 | Summary: "In this illustrated Spanish choose-your-own-ending picture book, Jasmin and her friends try to make a dance video. When her friends argue, will Jasmin help make peace? Or will she make their fight worse? Readers make choices for Jasmin, with each story path leading to different outcomes. Includes four endings and discussion questions"—Provided by publisher.
Identifiers: LCCN 2022002411 (print) | LCCN 2022002412 (ebook) | ISBN 9781645494799 (library binding) | ISBN 9781681528861 (paperback) | ISBN 9781645494850 (pdf)
Subjects: LCSH: Interpersonal conflict in children--Juvenile literature. | Friendship in children--Juvenile literature.
Classification: LCC BF723.I645 M548 2023 (print) | LCC BF723.I645 (ebook) | DDC 158.2/5083--dc23/eng/20211217
LC record available at https://lccn.loc.gov/2022002411
LC ebook record available at https://lccn.loc.gov/2022002412

Rebecca Glaser, editora
Kathleen Petelinsek, diseñadora de la serie
Catherine Berthiaume, diseñadora de libra

ACERCA DE LA AUTORA

Connie Colwell Miller es una escritora, editora, e instructora que vive en Le Sueur, Minnesota, con sus cuatro hijos. Ha escrito más de 100 libros para niños pequeños. Le gusta contarles cuentos a sus hijos para enseñarles lecciones de vida importantes.

ACERCA DE LA ILUSTRADORA

Sofia Cardoso es una ilustradora de libros para niños, diseñadora y gastrónoma portuguesa, cuya pasión por la ilustración se remonta a su niñez. Usando una combinación de métodos tradicionales y digitales, pasa sus días creando ilustraciones divertidas, llenas de color y personajes de corta edad que quieren inspirar alegría y creatividad en los niños y en quienes tienen alma de niño.